FABBRICA
ファブリカ

毛糸の刺繍

手編み糸で愉しむ
動物と植物の
図案と布小物

誠文堂新光社

Prologue はじめに

モコモコのアルパカ、ふわふわのタンポポ、
触れてみたくなる動物や植物をモチーフにした刺繍の本ができあがりました。

刺繍に使っているのは編み物に使う毛糸です。
ボリュームのある毛糸は広い面を埋めたり、
テキスタイルのように布全体に刺繍するのにも適しています。
厚みも出るので、シンプルなステッチもポコポコと可愛らしく、
立体的で存在感のある仕上がりになるのも魅力です。

毛糸ならではの工夫や道具、ポイントを少し加えましたが、
手順やステッチはフランス刺繍と殆ど同じです。
いつも刺繍を楽しんでいる方はもちろん、はじめてという方も、
ぜひ気軽に刺してみてください。

そしてできあがった刺繍はお部屋に飾ったり、
バッグやポーチ、インテリア小物などに仕立てて楽しんでください。

のんびりと、この本を開きながら「どれを刺繍しようかな」と
心を弾ませていただけたら、とてもうれしいです。

FABBRICA

Contents もくじ

野の花

バイカラーのボタニカル刺繍。
サテンステッチはひと針ずつ丁寧に。
針を布に対して垂直に出し入れすると、
縮まず、ふっくらとしたステッチになります。

Pattern_P.48

ニードルブック

野の花の色違いをあしらった
ニードルブック。
大切な針の収納に。

Pattern_P.48
How to make_P.49

野の花のパターンを
2回くり返しています。

5

ミモザ

コロンとかわいいミモザの花は
三角の実のようなジャーマンノットステッチで。
方向は気にせず、あちこちに向けて刺しましょう。

Pattern_P.50

デイジー・スズラン・アネモネ

ワンポイントに使いたい存在感のある
可憐な花たち。

Pattern_P.51

森の物語

昼の森、夜の森。立体的な刺繍で描いた
絵本のような世界。
それぞれを取り出して、ワンポイント使いにしても。

Pattern_P.52

Pattern_P.52
How to make_P.53

Pattern 森の物語

ファスナーポーチ

ターキーノットステッチの
フサフサした尻尾が愛らしい
リスの刺繍をポーチに仕立てました。

アルパカ

触れてみたくなるターキーノットステッチの
ふわふわした毛並みが魅力。
仕上げのカットは好みの長さで楽しんでください。

Pattern_P.55

子猫

セーターを着て、おすましポーズの子猫。
目や鼻はもこもこしたベースのステッチに埋もれないように
重ねて刺して厚みを出します。

Pattern_P.56

ピンポンマム

凛と咲く花一輪。
鮮やかな色を選んでワンポイントに。

Pattern_P.57

Pattern ピンポンマム

トートバッグ

1つの図案のバリエーションを楽しむバッグ。
横に並べたり、上下に返して繋げたり。
布色と相性のよい配色にアレンジしても。

Pattern_P.57　How to make_P.58

13

木々

葉のステッチを変えた5種類の木の図案。
幹のアウトラインフィリングは
外側の両端を先に刺してきれいなラインに。

Pattern_P.60

Pattern 木々

クッションカバー

木々の図案は組み合わせや配置を楽しんで。
単色で刺すのも素敵。

Pattern_P.60　How to make_P.61

アルファベット＆数字

ポップな色使いの文字と数字はワンポイント刺繍の定番。
数字は中心の色を先に刺してから縁まわりの色を刺しています。

Pattern_P.62

6 7 8 9 10

ライオン

動物の毛の流れをアウトラインフィリングで表現。
木々の葉はバスケットステッチ。
縦、横の色を変えてチェックのような模様に。

Pattern_P.64

巾着ポーチ

立派なたてがみのライオンの顔と
LIONの文字をそれぞれ巾着の主役に。

Pattern_ ライオン P.64
　　　　　アルファベット P.62~63
How to make_ P.65

小鳥

赤いバブーシュカでおめかしをした小鳥。
プレゼントの花を運んでいます。

Pattern_P.67

タンポポとてんとう虫

ターキノットステッチをほぐして毛羽立たせた
ふわふわのタンポポ。やさしい手触りは毛糸ならでは。

Pattern_P.68

小花のライン

縁飾りに役立つ小花のライン。
アウトラインステッチは針目を揃えてきれいな線に。
カーブは細かく刺すとなめらかに仕上がります。

Pattern_P.69

ブックカバー

メリハリのある2色使いで
動きを出したライン。
好みの色でお試しを。

Pattern_P.69
How to make_P.70

23

ワッペン風モチーフ

フレームごとに使えるモチーフ。
洋服やバッグのワンポイントにも。

Pattern_P.71

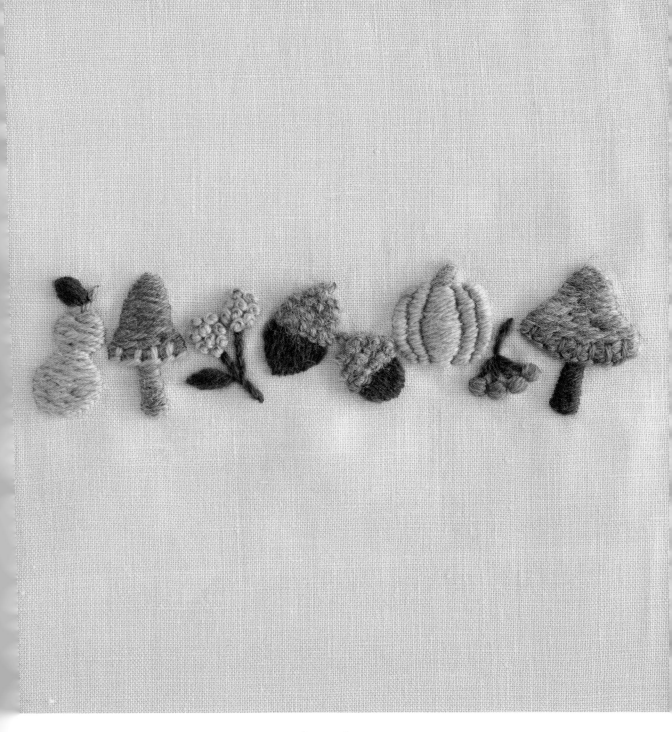

森の恵み

きのこ、どんぐり、木の実など、
秋の森からいただく恵みをイメージ。
くり返して繋げればリボン状の図案になります。

Pattern_P.72

小さなモチーフ

すぐに仕上がるミニ図案。
刺繍を始めたばかりの人も気軽に楽しめます。
小さな図案なので毛糸は中細～合太くらいがおすすめ。

Pattern_P.73

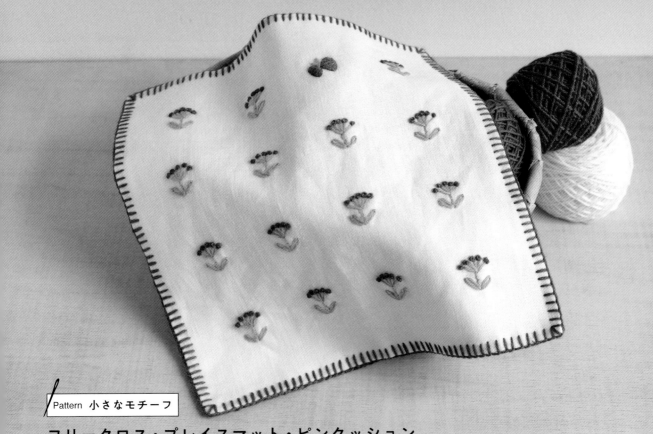

フリークロス・プレイスマット・ピンクッション

小花を並べたフリークロス。
お家モチーフのプレイスマット。
青空をイメージした小鳥のピンクッションは、ポプリを入れてサシェにも。
すべて小さなモチーフ（P.26）のアレンジ作品です。

Pattern_P.73
How to make_P.74

フラワーガーデン

ブルー×ホワイトのさわやかな図案。
ふっくらしたラインは毛糸の刺繍ならでは。

Pattern_P.76

Pattern フラワーガーデン

アイマスク

癒やしのアイマスク。
淡い色合いの刺繍は花びらだけ
ピンク色で愛らしく。

Pattern_P.76
How to make & _P.77

スカラップ

ブランケットステッチで作るスカラップ模様。
ポイントに小さな花を咲かせています。
Pattern_P.78

Pattern_P.78　How to make_P.79

Pattern　スカラップ

リングバッグ

広い面積に並べて刺繍することで
テキスタイル風のデザインに。
毛糸で作った大きなタッセルも
よいアクセントになります。

Basic lesson
基礎レッスン

道具について

毛糸の刺繍は一般的な刺繍の道具を使います。刺繍針は毛糸を通せる穴の広いものを選びましょう。

基本の道具

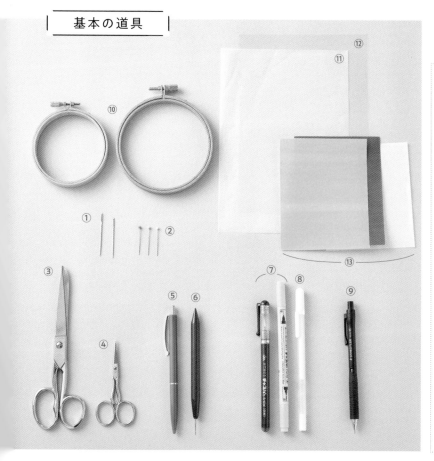

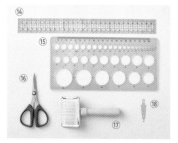

あると便利な道具

⑭ 定規
直線の図案を描くときや印つけ、図案やできあがりサイズを確認するときに使う。

⑮ 円定規
正確な円を描くときに便利。

⑯ 反り刃のはさみ
ターキーノットステッチをカットして整えるときに便利。

⑰ ハンドカーダー
毛糸をほぐしたり、毛羽立たせたりするために使う。本書ではペット用の小さなスリッカーブラシを代用。

⑱ 糸通し
針に糸を通す道具。

① リボン刺繍針(シェニール針)
25番刺繍糸より太い毛糸を使うウール刺繍には、穴が広く、先が尖ったリボン刺繍用の針を使う。

写真左がリボン刺繍用の針、右がフランス刺繍針。本書ではリボン刺しゅうシェニール針No.20(クロバー)を使用。

② まち針
図案を写すときに布と複写紙をとめたり、作品制作をするときに布同士がずれないようにとめる。

③ 裁ちばさみ
布を裁断するときに使う。

④ 糸切りばさみ
糸を切るためのはさみ。刃先が尖った小さなタイプが使いやすい。

⑤ ボールペン
トレーサーの代わりに使うことができる。

⑥ トレーサー
図案線をなぞり、図案を布に写すときに使う。

⑦ チャコペンシル(水で消えるタイプ)
直接、布に図案を書き足すときや印つけに使う。

⑧ アイロンチャコペンシル(白/熱で消えるタイプ)
色の濃い布には白のペンがおすすめ。アイロンの熱で消すことができる。アイロンチャコペン<白>(クロバー)。

⑨ シャープペンシル
図案を写すために使う。鉛筆でもよい。

⑩ 刺繍枠
布を張って刺繍をしやすくする枠。写真左は8cm(私物)、右は10cm(クロバー)。

⑪ トレーシングペーパー
図案を写すために使う半透明の紙。

⑫ セロファン
トレーシングペーパーの上に重ねて使い、図案を写すときに紙が破れないようにする。

⑬ 手芸用複写紙(水で消えるタイプ)
布に図案を写すときに使う。

糸について

本書では編み物用の毛糸を使用しています。太さは刺繍しやすい中細糸～合太糸がおすすめ。
並太糸は合太糸よりやや太めです。毛糸は素材の種類が多いので、図案に合わせて手触りや質感の違いを楽しんで。

本書の作品に使用した糸

*すべてハマナカ（問 P.80）。
*実物大写真は P.45。

① **ハマナカ エクシードウール FL《合太》**
エクストラファインメリノを使用したウール 100% の糸。1 玉 40g 玉巻／全 31 色。

② **ハマナカ 純毛中細**
合太糸よりもやや細いウール 100% の糸。1 玉 40g 玉巻／定番色を揃えた全 28 色。

③ **ハマナカ ソノモノアルパカウール《並太》**
アルパカ混のやわらかなウール糸。合太よりやや太めなので、大きな図案を刺すときにおすすめ。1 玉 40g 玉巻／ナチュラルカラーの全 7 色。

④ **ハマナカ アメリーエフ《合太》**
発色がよく、ふんわり仕上がるアクリル混のウール糸。1 玉 30g 玉巻／全 30 色。

⑤ **ハマナカ コロポックル**
ウールにナイロン&アクリルを加えた摩擦に強い糸。1 玉 25g 玉巻／全 18 色。

⑥ **ハマナカ ソノモノスーリーアルパカ**
2 タイプのアルパカをブレンドした、ソフトでぬめり感、光沢感に優れた糸。1 玉 25g 玉巻／全 3 色。

⑦ **ハマナカ アメリー**
ニュージーランドメリノウール×アクリルの弾力性に富んだ並太糸。アメリーエフ《合太》と組み合わせてメリハリのある刺繍に。1 玉 40g 玉巻／全 52 色。

糸は小巻きにしておくと便利です

使用する糸は少量を厚紙などに巻いて、糸名と色番号を記しておきましょう。大きさを揃えて箱に収納しておくと、手持ちの色数がひと目でわかり、すぐに使えます。

針への通し方
糸通しは頻繁に行うので、基本の通し方に慣れておくと作業が楽になります。

基本

1 糸を針にかけて二つ折りします。

2 針にかけた部分を押さえて折り山にクセをつけ、針から抜きます。

3 折り山を針穴に通し、向こう側に少し出た部分をつかんで引き抜きます。

糸の長さの目安

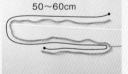

50～60cm

糸の長さは 50～60cm が目安。毛糸は布を通り抜けるとき、摩擦によって毛羽立ちやすいので、長すぎないようにします。

アレンジ

細糸を使う

1 二つ折りした細糸（木綿糸など）の折り山を針穴に通し、折り山のループに毛糸を通します。

2 細糸を引いて毛糸を針穴に通します。

糸通しを使う

糸通しを針穴に差し込み、毛糸をかけて、そのまま引き抜きます。

布について

毛糸の刺繍と相性がよいのは、織り目が密すぎない平織りの天然素材の布。
織り目の詰まった布や厚くて硬い布は、毛糸が通りにくく、毛羽立ちやすいので避けたほうが無難です。

本書の作品に使用した布

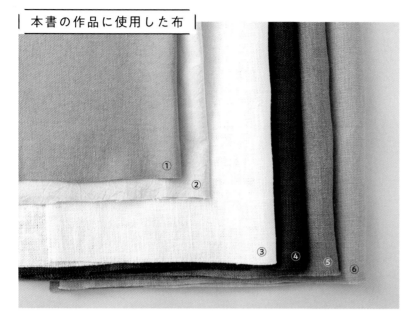

接着芯のこと

薄い布や透ける布を使う場合、刺繍をする前に布の裏面に接着芯を貼ることで、布を補強したり、織り目が歪むのを防ぎます。

●貼り方
接着芯の接着剤がついた面を布の裏面に重ね、当て布をしてドライアイロンで押さえます（滑らせるのはNG）。冷めるまで動かさないように注意。

①リネンコットン（綿麻地）
綿のやわらかさと麻のほどよいシャリ感が魅力の布。針通りがよく、扱いやすい。

②コットン
自然な質感が魅力の綿100％の布。手に入れやすく、色数も豊富。

③④⑤⑥リネン
丈夫でしなやかなリネンは一番おすすめ。本書の刺繍作品のほとんどはリネンを使用。薄手から中肉のものが刺しやすい。

布目の目安 ＊写真は実物大。

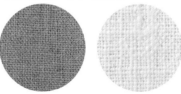
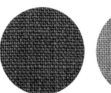

リネンコットン　　粗めの織りのリネン　　中肉のリネン　　やや薄手のリネン

＊コットンはリネンコットンと同じくらいが目安。
　ブロードのような目の詰まった布は避けたほうが無難です。

水通しと地直し

刺繍をする前に、布の縮み防止のために「水通し」、布目を整えるために「地直し」をします。

水通し
洗濯による布の縮みや色落ちを防ぐために行うのが、水通し。たっぷりの水に数時間～ひと晩つけておき、タオルでプレスするなどして水分をとり、陰干しをします（ねじって絞るのはNG）。縮みやすい麻は水通しをしておくと安心です。

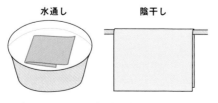

水通し　　陰干し

＊水通しをするときは濃い色の布は色落ちすることがあるので、淡い色の布とは分けて行います。

地直し
地直しは布のたて糸とよこ糸が垂直に交差するように布目を整えることをいいます。生乾きの状態で布目のたて方向、よこ方向に沿ってアイロンをかけ、歪みを正します。

地直し

刺し始める前に

図案の写し方

1 トレーシングペーパーを図案に重ね、シャープペンシル（または鉛筆）で図案を写します。

2 布の上に*1*をまち針でとめ、複写紙を布とトレーシングペーパーの間に挟み、セロファンを一番上に重ねます。

3 トレーサーで図案の上をなぞります。

* セロファンを重ねるのは図案が破けるのを防ぐため。
* 複写紙は適当なサイズにカットしておくと使いやすい。
* 大きな図案の場合は複写紙をずらしながら写す場所を移動させていく。

4 なぞり終わったら布に正しく複写されているかを確認し、色が薄いところは再度なぞります。

5 図案が写せました。

刺繍枠の使い方

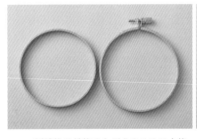
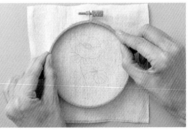

1 刺繍枠の外枠のネジをゆるめて内枠をはずします。

2 刺したい部分が枠内におさまるように布を置き、外枠をはめます。

3 しわやたるみがあれば、布端を引いて整えます。

4 刺繍枠のネジをしっかりと締めて固定します。

5 軽く弾いてみて、トントンと音がすれば、布がピンと張れた合図。ゆるければさらに布端を引いてネジを締め直します。

> *Point*
> 使いやすい刺繍枠のサイズは8〜10cm。刺繍枠を使うことで、布がたるみにくくなり、刺繍時の糸の引き過ぎによる縫い縮みを防ぐことができます。大きな図案は枠をずらしながら刺しましょう。

共通のテクニック

線の刺し始めと刺し終わり

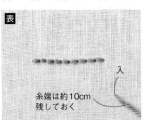

1 図案より少し離れた表面から針を入れ、刺し始めたい位置から針を出して刺し進めます。

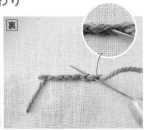

2 刺し終わったら裏返し、縫い目の糸を割るように針を入れます。

3 2を2〜3回くり返し、余分な糸をカットします。

4 刺し始めの糸端も裏側に引き出し、2〜3と同様に始末します。

面の刺し始めと刺し終わり（太めの毛糸向き）

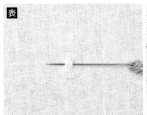

1 図案の内側をひと針すくいます。

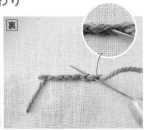

2 半目戻った位置に針を入れ、裏面の糸を割るように針を出します。

3 刺し始めの糸端を布の際でカットします。

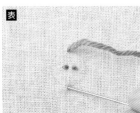

4 指定の刺し方で刺し進めます（サテンステッチの刺し方→P.38）。

5 刺し終わりは布を裏返し、ステッチの裏糸を割るようにして数本すくいます。

6 5を2〜3回くり返し、余分な糸をカットします。

玉結び&玉どめの使い分け

刺繍では刺し始めと刺し終わりで結び目を作らないことが多いのですが、表にひびかない図案や布の場合、または独立しているフレンチノットステッチやストレートステッチなどの場合は、玉結びや玉どめをすることがあります。

仕上げ方

図案を消す

表に図案線が残って見える場合、水で消える線は水を含ませた綿棒で軽く叩くようにやさしく消します。熱で消える線はアイロンで消します。

アイロンをかける

布のしわが気になる場合は、霧吹きで水をかけてドライアイロンをかけます。刺繍の際にできた細いしわは、表からアイロンの先を使って、刺繍面を避けてかけます。毛糸に水をたくさんかけると縮む可能性があるので、注意しましょう。

> **Note**
> 洗濯する場合は、毛糸を使用しているため、ドライクリーニングをおすすめします。

ステッチの刺し方　基本的な刺し方を例に説明しています。図案によって組み合わせて刺繍してください。

サテンステッチ（左右対象に近い図案の場合）

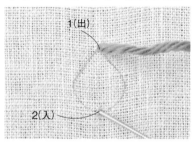

1 1から針を出し、2に入れます。

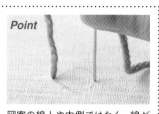

Point

図案の線上や内側ではなく、線が隠れるギリギリ外側で針を出し入れします。針は垂直に刺します。

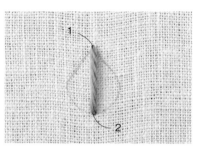

2 このステッチを基準に、左右を半分ずつ埋めていきます。

3 1〜2と同じ要領で、左端へ向かって図案の半分を刺し埋めます。

4 布を裏に返し、針を裏の渡り糸の下をくぐらせて1の横に出し、右半分も同じ要領で刺します。

▶きれいに刺すコツ

| 細長い図案 | 傾きや太さの変化を避けるため、数か所にガイド線を入れ、1ブロックずつ刺し埋めていきます。 |

1 数か所にガイド線を入れ、1つめのブロックの上下を刺します。

2 1の間をサテンステッチで刺し埋めます。続けて、次のブロックの基準になる線を刺し、間を刺し埋めます。

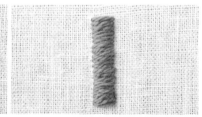

3 1〜2と同じ要領で最後まで刺し埋めます。

| カーブ | カーブの内側に糸が密集しないように1〜2ステッチにつき1本、短いステッチを刺していきます。 |

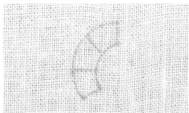

1 図案の数か所にガイド線を放射状に入れます。

2 1〜2本刺したら、内側の図案線より短いステッチを1本刺します。

3 バランスよく2をくり返し、最後まで刺し埋めます。

アウトラインステッチ

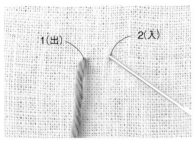

1 1から針を出し、1目先の2に針を入れます。

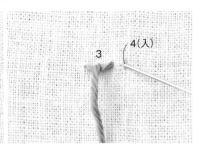

2 半目戻った3から針を出します。

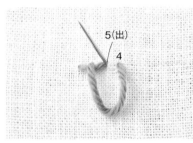

3 3から1目先の4に針を入れます。

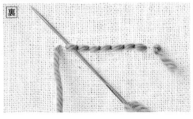

4 半目戻った5から針を出します。このとき、2と5は同じ位置。

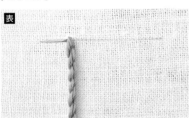

5 3〜4をくり返します。

▶ きれいに刺すコツ

角	角で糸が重なるように刺すのがコツ。

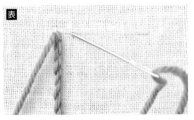

1 角まで刺したら布を裏返し、端の目の裏糸に針をくぐらせます。

2 布を表に返し、反時計回りに90度回転させます。角の目のわずか左に針を出します。

3 続けて、アウトラインステッチを1目刺していきます。

4 1目刺せたところ。このとき、1つ前の針目★に糸が少しだけ重なるため、角がくっきり出ます。

5 最後まで刺します。

6 布の向きを直します。角が刺せました。

アウトラインフィリング

四角を埋める

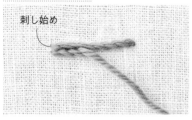
刺し始め

1 1段めのアウトラインステッチを刺し、その下に刺し始め位置を揃えて2段めを刺します。

2 同じ要領でアウトラインステッチを密に刺して四角に埋めます。糸を引きすぎると図案が縮むので注意。

フィリングとは

同じステッチで面を刺し埋めることを「フィリング」と呼びます。使う糸の太さに応じて、布が見えないくらいの間隔で刺していきます。

円を埋める　先に外周の輪郭だけを刺してつなげ、内側は中心に向かってうず巻き状に刺し埋めます。

1（入）

1 輪郭を一周刺したら、刺し始めの1に針を入れます。

2（出）

2 半目戻ったところから針を出します。

3（入）

3 続けて、刺し始めの目の半目先に針を入れます（刺し始めのステッチの下にもぐるように刺します）。

4 輪郭線のアウトラインステッチが刺せました。

5 内側は中心に向かってくるくるとうず巻き状に刺し埋めていきます。

6 すべて刺せました。

フレンチノットステッチ

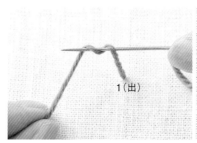
1（出）

1 1から針を出し、針先に糸を指定の回数、巻きつけます。
＊写真は2回巻きで解説。

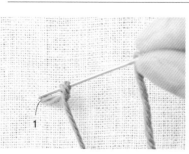
1

2 ゆるまないように左手で糸を引いたまま、1の際に針を入れます。

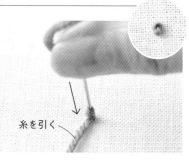
糸を引く

3 針を垂直に立てて糸を引きしめ、そのまま布の裏側へ引き抜きます。フレンチノットステッチ（2回巻き）ができました。

ジャーマンノットステッチ　三角の実のようなステッチです。

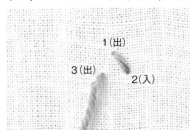 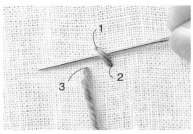 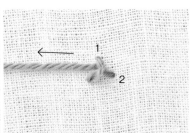

1 1から針を出し、2に入れ、3から出します。

2 1と2に渡した糸を針ですくいます。糸は下側によけておきます。

3 矢印の方向へ針を引き抜きます。

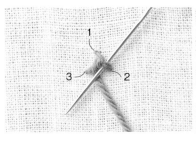 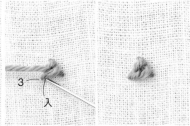

4 もう一度、1と2に渡した糸を針ですくいます（3で交差した糸の下）。糸は針の下に置きます。

5 矢印の方向に針を引き抜いて、糸を引きしめます。

6 3の際に針を入れます。ジャーマンノットステッチができました。

ケーブルステッチ　ジャーマンノットステッチをつなげるステッチです。

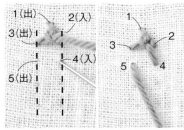  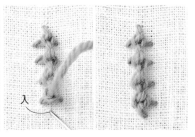

1 ジャーマンノットステッチの工程5まで刺し、2の1目下の4に針を入れ、5から出します。

2 1で渡した糸を針ですくいます。

3 矢印の方向に針を引き抜き、糸を引きしめます。

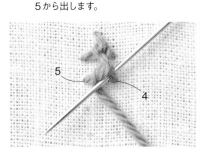

4 3で糸が交差したところと4の間をすくいます。糸は針の下におきます。

5 針を引き出し、糸を引きしめます。同じ要領でくり返します。

6 1〜5と同じ要領でくり返します。最後はステッチの中心（1目下）に針を入れます。ケーブルステッチができました。

ロング＆ショートステッチ

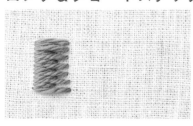

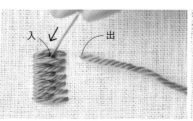

1 最初の段は長短の差をつけたステッチを交互に刺します。

2 2段めは1で刺した短いステッチの延長線上に針を出し、短いステッチに向かって長いステッチを刺します。

3 長いステッチは、短いステッチの上から糸を割るように少し重ねて刺します。2段めが刺せました。

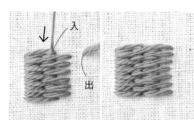

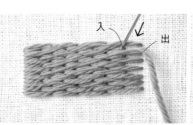

4 3段めは1で刺した長いステッチの延長線上に針を出し、長いステッチを刺します。

5 最後は隙間を埋めるように、短いステッチを刺します。

6 ロング＆ショートステッチで面を刺し埋めました。

動物の目、鼻の刺し方
ターキーノットステッチ（P.43）で動物を刺したとき、ふわふわした針目の中に目や鼻のステッチが埋もれないようにする刺し方です。

目の刺し方

1 ストレートステッチ（P.44）を縦に2回刺します。針の出入は同じ位置。

2 2回刺したところ。

3 2の中央の左際に針を出し、ストレートステッチを横に2回刺します。針の出入は同じ位置。

4 もう一度、ストレートステッチを縦に2回刺します。針の出入は同じ位置。

5 ふっくらした厚みのあるストレートステッチができました。

このステッチを使った作品例（P.11）
子猫のベースは、約3mmの高さに切り揃えたターキーノットステッチ。そこに、このステッチで目、鼻をプラス。ステッチに厚みがあるため、起毛に埋もれず、愛らしい表情が作れます。

＊鼻の場合は、「横に2回、縦に2回、横に2回」を同じ要領で刺します。

ターキーノットステッチ

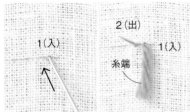
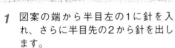

1 図案の端から半目左の1に針を入れ、さらに半目先の2から針を出します。

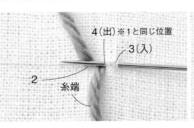

2 2から1目戻った3に針を入れ、そこから半目先の4に出します。

3 矢印の方向に糸をきゅっと引きしめます。

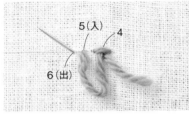

4 4から1目先の5に針を入れ、糸を引ききらずにループを作り、5の半目先の6から針を出します。

5 同じ要領で1目戻って針を入れ、半目先に針を出します。

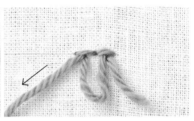

6 矢印の方向に糸を引きしめます。1ループが刺せました。

7 4〜5をくり返して、最後まで刺します。刺し終わりの糸端は表に出したままにします。

8 ループの先をはさみでカットします。

9 指定の長さに切り揃えます。

▶ふわふわに仕上げる方法

針でほぐす

できあがり

針で毛糸の撚りを軽くほぐします。

カーダーでほぐす

できあがり

細かな針がついたブラシ状のカーダーで毛糸をほぐして毛羽立たせます（布を傷つけないように注意）。

Check!

ターキーノットステッチの刺し方

その他のステッチ

Check!

YouTube『FABBRICA・刺繍とソーイング』の
刺し方の動画解説も参考にしてください。

ストレートステッチ

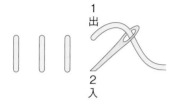

チェーンステッチ

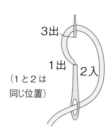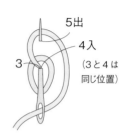

レゼーデージーステッチ

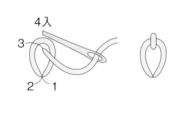

レゼーデージーステッチ + ストレートステッチ

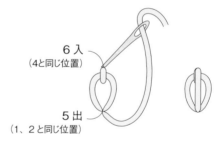

フライステッチ

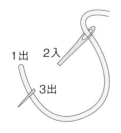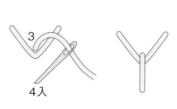

バックステッチ

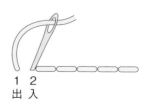

ブランケットステッチ

1出　3出　2入

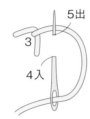

5出　3　4入

コーチングステッチ

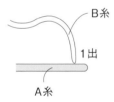

B糸　1出　A糸

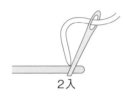

2入

A糸をB糸でとめていく

バスケットステッチ

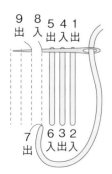

9出　8入　5出　4入　1出　7出　6入　3出　2入

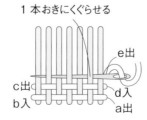

1本おきにくぐらせる

e出　c出　d入　b入　a出

▶ 使用した糸の太さ

（実物大）

ソノモノ
アルパカウール
《並太》
▶SAW

アメリー
▶A

エクシードウールFL
《合太》 ▶EFL

アメリーエフ《合太》
▶AF

ハマナカ純毛中細
▶J

コロポックル
▶K

ソノモノ
スーリーアルパカ
▶SSAP

＊すべてハマナカ。
＊▶は図案での省略表記。

Pattern & How to make

図案と作り方

図案の見方

- 刺繍に使う糸はすべて1本どりで刺します。

糸名、色番号
色違いの色番号（小物に使用）
刺し方のポイント

J46／♥K23
サテンS

J46／♥K23
ストレートS（同じ穴に2回刺す）

J2／♥AF507
ストレートS

ステッチ名
＊Sはステッチの略

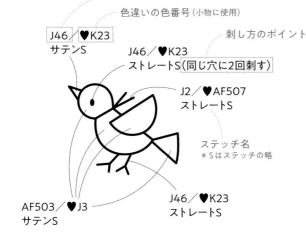

AF503／♥J3
サテンS

J46／♥K23
ストレートS

糸名の省略と糸の太さ

＊糸はすべてハマナカ。

省略名	糸名	太さの目安	
J	ハマナカ純毛中細	中細	直径1〜1.2mm
SSAP	ソノモノスーリーアルパカ		
K	コロポックル		
AF	アメリーエフ《合太》	合太	直径1.8〜2mm
EFL	エクシードウールFL《合太》		
A	アメリー	並太	直径2〜3mm
SAW	ソノモノアルパカウール《並太》		

＊糸の太さは素材や撚りの具合によって変わります。

ターキーノットステッチを使用した図案について

- 刺し埋める方法は大きく分けて、円を刺す場合と段に刺す場合の2種類があります。
- 〔 ͡ 〕はターキーノットステッチをカットしたときの仕上がりイメージです。
- 糸の向きや密度は、仕上げたいイメージに合わせてアレンジを楽しんでください。
- ターキーノットステッチの刺し方はP.43参照。

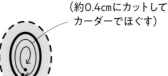

ターキーノットS
（約0.4cmにカットして
カーダーでほぐす）

ターキーノットS
（約0.4cmにカット）

〈円を刺す場合〉
・ループは外側向き。
・輪郭を1周刺してから、
　内側をうず巻き状に刺す。

〈段に刺す場合〉
・ループは下向き。
・下から上へ1段ずつ刺す。

小物の作り方の見方とポイント

寸法図について

- 図内の寸法を示す数字の単位はcmです。
- 縫い代は（ ）の数字。基本は1cmです。
- ↔の表記は、布の縦方向を示しています。

作り方について

- 材料に記している布の寸法には、ゆとり分を含めていません。刺繍をする布は、はじめに材料の寸法より少し大きめの布を用意し、刺繍をしてから指定の寸法に裁ちましょう。
- 薄手接着芯を貼るものは、刺繍をする前に布の裏面に貼っておきます。
- 図解は作り方の説明のうち、ポイントになる工程を描いています。

野の花

▶★の色番号はニードルブック (作り方_P.49) の色指定です。

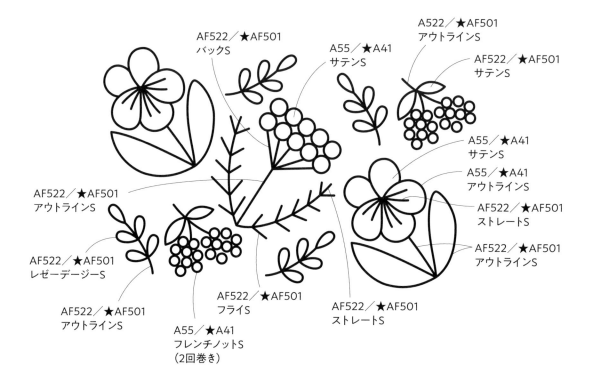

AF522／★AF501
バックS

A55／★A41
サテンS

A522／★AF501
アウトラインS

AF522／★AF501
サテンS

A55／★A41
サテンS

A55／★A41
アウトラインS

AF522／★AF501
アウトラインS

AF522／★AF501
ストレートS

AF522／★AF501
アウトラインS

AF522／★AF501
レゼーデージーS

AF522／★AF501
アウトラインS

AF522／★AF501
フライS

AF522／★AF501
ストレートS

A55／★A41
フレンチノットS
（2回巻き）

布：国産仕様リネン100％広幅キャンバス_OW オフホワイト（たけみや）

▶ 材料

糸

ハマナカ アメリーエフ《合太》 ナチュラルホワイト (501)

ハマナカ アメリー イエローオーカー (41)

布

表布 (リネン地／グレー◆) 23×12cm

裏布 (リネン地／イエロー) 23×12cm

薄手ドミット芯 23×12cm

フェルト (ウールレーヨン／こげ茶) 19×8cm を2枚

その他

7mm幅のベルベットリボン (黒) 30cm を2本

できあがりサイズ

横10.5×縦10cm (閉じた場合／リボン含まず))

▶ 作り方

1 表布に刺繍をしてから寸法どおりに裁つ。

2 裏布、薄手ドミット芯、フェルトを裁つ。

3 薄手ドミット芯、表布 、裏布を図のように重ね (図1)、返し口を残して周囲を縫い、角の縫い代をカットする (図2)。

4 返し口から表に返し、形を整え、返し口をまつる。

5 フェルト2枚を重ね、裏布に重ね、中央を縫いとめる (図3)。

布：◆国産仕様リネン100%広幅キャンバス_11 グレー(たけみや)

▶刺繍の色番号は「野の花」の図案 (P.48) を参照。

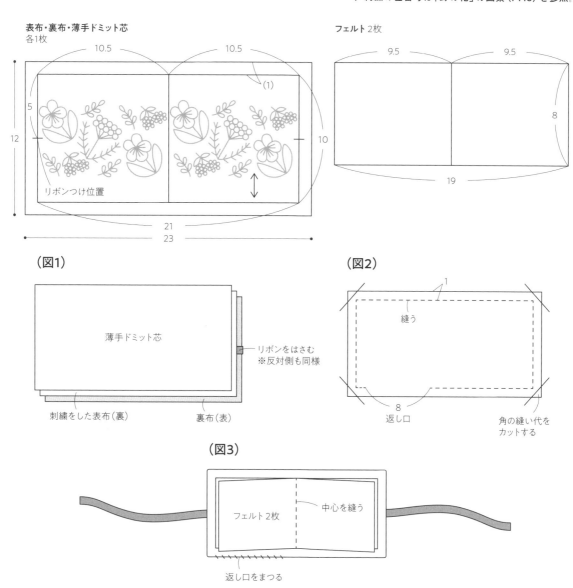

表布・裏布・薄手ドミット芯
各1枚

10.5 10.5 (1) 5 12 21 23 10 リボンつけ位置

フェルト 2枚

9.5 9.5 8 19

（図1）

薄手ドミット芯

リボンをはさむ
※反対側も同様

刺繍をした表布(裏) 裏布(表)

（図2）

1 縫う 8 返し口 角の縫い代をカットする

（図3）

フェルト 2枚 中心を縫う

返し口をまつる

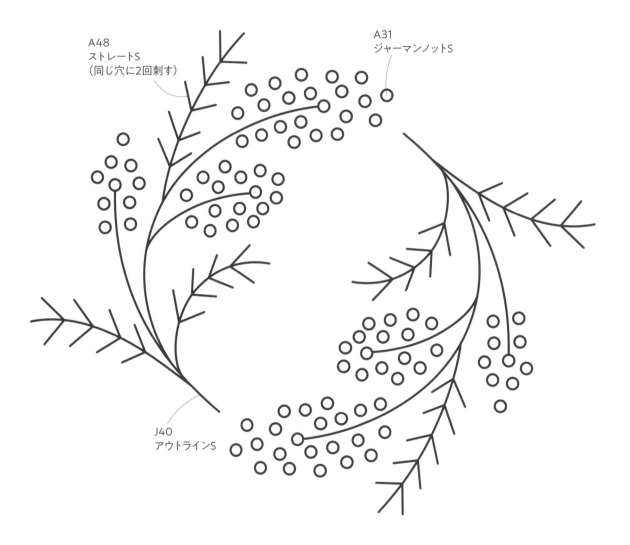

A48
ストレートS
（同じ穴に2回刺す）

A31
ジャーマンノットS

J40
アウトラインS

布：国産仕様リネン100％広幅キャンバス_8 グレージュ（たけみや）

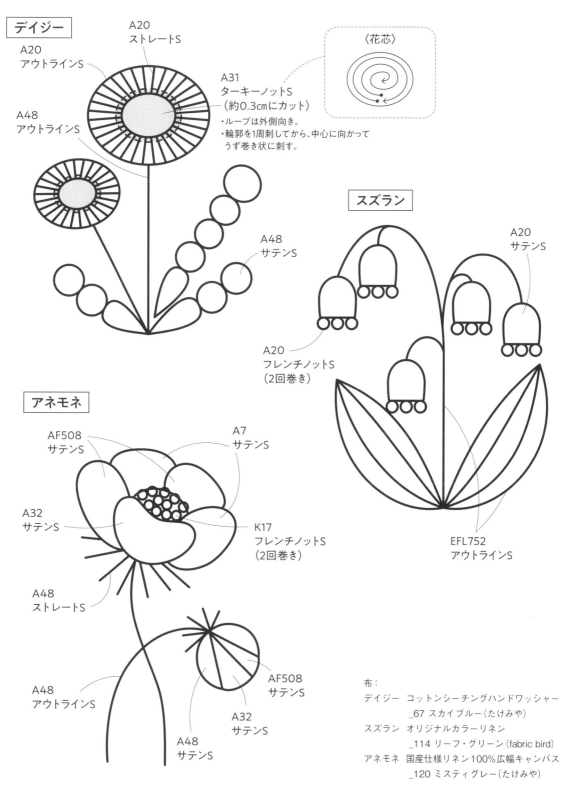

デイジー

A20
アウトラインS

A20
ストレートS

A48
アウトラインS

〈花芯〉

A31
ターキーノットS
（約0.3cmにカット）
・ループは外側向き。
・輪郭を1周刺してから、中心に向かって
　うず巻き状に刺す。

A48
サテンS

スズラン

A20
サテンS

A20
フレンチノットS
（2回巻き）

EFL752
アウトラインS

アネモネ

AF508
サテンS

A7
サテンS

A32
サテンS

K17
フレンチノットS
（2回巻き）

A48
ストレートS

A48
アウトラインS

AF508
サテンS

A32
サテンS

A48
サテンS

布：
デイジー　コットンシーチングハンドワッシャー
　　　　　_67 スカイブルー（たけみや）
スズラン　オリジナルカラーリネン
　　　　　_114 リーフ・グリーン（fabric bird）
アネモネ　国産仕様リネン100％広幅キャンバス
　　　　　_120 ミスティグレー（たけみや）

J40
ターキーノットS
（約0.4cmにカット）
・ループは下向き。
・下から上へ1段ずつ刺す。

J43
バックS

J3
ロング&ショートS・サテンS

SSAP83
ストレートS

SSAP81
ロング&ショートS

J43
ストレートS

J43
アウトラインS

J40
ロング&ショートS

J5
サテンS

J5
サテンS

J5
フライS

SSAP83
ロング&ショートS

短く刺す

J5
バックS

J40
ストレートS

J40
サテンS

SSAP83
ストレートS

J40
ターキーノットS
（約0.4cmにカット）
・P.51と同様に刺す。

J43
フレンチノットS
（2回巻き）

J43
サテンS

J5
アウトラインフィリング

SSAP81
ロング&ショートS

J43
ロング&ショートS

J5
アウトラインS

J5
アウトライン
フィリング

J40
ストレートS

J40
ストレートS

SSAP83
サテンS

SSAP83
ストレートS

J5
ストレートS
（同じ穴に2回刺す）

J43
フレンチノットS
（2回巻き）

SSAP81
サテンS

J40
サテンS

J43
フレンチノットS
（2回巻き）

J40
バックS

J40
ストレートS
（同じ穴に2回刺す）

SSAP83
ターキーノットS
（0.8～1cmにカット）
・ループは外側向き。
・輪郭を1周刺してから、
　あきスペースをうず巻き状に刺す。

SSAP83
ストレートS

J3
ロング&ショートS・
サテンS

J40
ストレートS

J43
フレンチノットS
（2回巻き）

SSAP83
アウトラインS

J40
チェーンS

J5
アウトラインフィリング

布：国産仕様リネン100%広幅キャンバス_OW オフホワイト（たけみや）

▶ **材料**

糸

ハマナカ ソノモノスーリーアルパカ
生成り（81）、ブラウン（83）
ハマナカ純毛中細
ベージュ（3）、こげ茶色（5）、オリーブ（40）、からし（43）

布

表布（リネン地／フォレスト・グリーン◇）
　　　24×16cmを2枚
裏布（綿麻地／生成り）24×16cmを2枚
薄手接着芯　24×16cmを2枚

その他

ファスナー20cmを1本、2mm幅の革ひも25cmを1本

できあがりサイズ

横22×縦11.5×まち5cm

▶ **作り方**

1　表布に薄手接着芯を貼り、刺繍をしてから寸法通りに裁つ。
2　裏布を裁つ。
3　表布の上端から0.5cm内側にファスナーを重ね、ファスナーの端から
　　0.5cm内側を仮どめする（図1）。
4　3の表布に裏布を中表に重ね、袋口の端から1cm内側を縫う（図2）。
5　ファスナーの下側の端にも、3、4と同様に表布と裏布を縫いつける。
6　裏布のファスナー部分の両端を縫う。縫い位置は端から0.2cmの位置
　　（図3）。
7　表布と裏布をそれぞれ中表に合わせ、返し口を残して周囲を縫う（図4）。
8　表袋、裏袋のまちをそれぞれ縫う（図5）。
9　表に返して、形を整え、返し口をまつる。

布：◇国産リネンカラー無地_P フォレスト・グリーン（fabric bird）

▶ **リスの刺繍の色番号は「森の物語」の図案（P.52）を参照。**

表布・裏布・薄手接着芯 各2枚

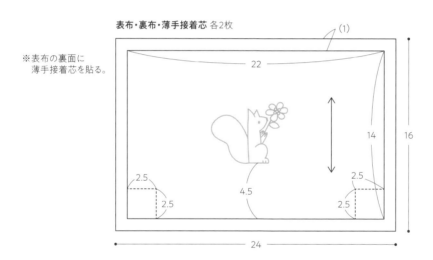

※表布の裏面に
　薄手接着芯を貼る。

（図1）

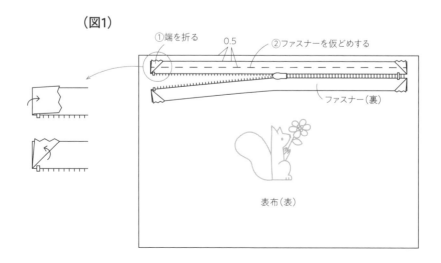

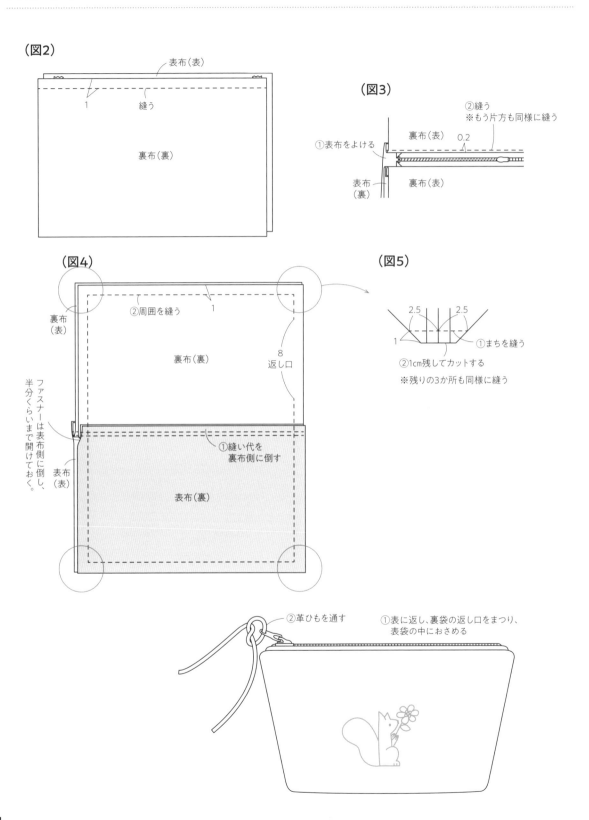

（図2）

表布（表）

縫う

1

裏布（裏）

（図3）

②縫う
※もう片方も同様に縫う

①表布をよける

裏布（表）　0.2

表布
（裏）

裏布（表）

（図4）

裏布
（表）

②周囲を縫う　　1

裏布（裏）

8
返し口

ファスナーは表布側に倒し、
半分くらいまで開けておく。

表布
（表）

①縫い代を
裏布側に倒す

表布（裏）

（図5）

2.5　　2.5

1　　　　　　①まちを縫う

②1cm残してカットする

※残りの3か所も同様に縫う

②革ひもを通す

①表に返し、裏袋の返し口をまつり、
　表袋の中におさめる

〈鞍（くら）〉

AF507
サテンS

AF507
ストレートS

J40
サテンS

AF519
サテンS

AF519
ストレートS

AF519
サテンS

AF501
ロング＆ショートS

AF501
サテンS

AF507
サテンS

AF507
ターキーノットS
（約0.3cmにカット）
・ループは下向き。
・下から上へ1段ずつ刺す。
＊ボディも同様に刺す。

AF501
ターキーノットS
（0.6～0.8cmにカット）

AF519
アウトラインS

AF501
アウトラインS

J40
アウトラインS

AF507
アウトラインS

J40
サテンS

AF501
サテンS

AF507
サテンS

AF519
ストレートS

布：国産仕様リネン100％広幅キャンバス_8 グレージュ（たけみや）

55

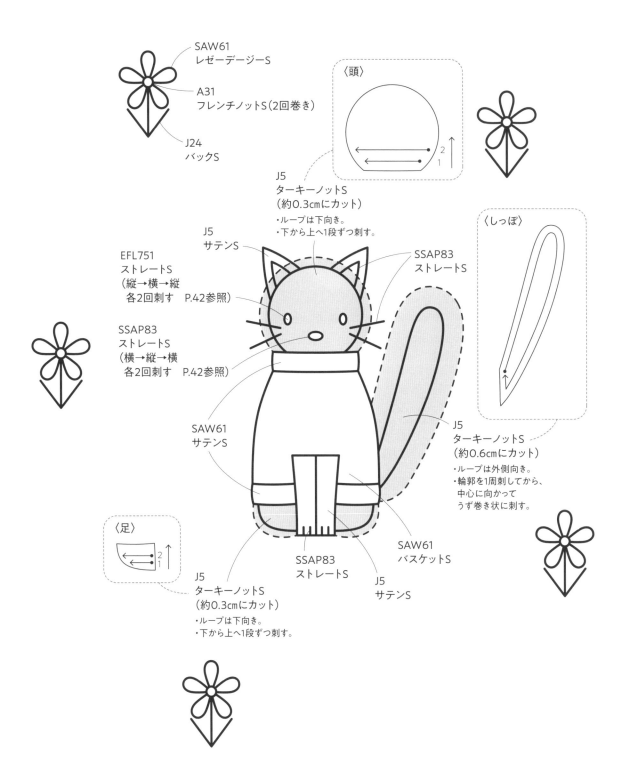

SAW61
レゼーデージーS

A31
フレンチノットS（2回巻き）

J24
バックS

〈頭〉

J5
ターキーノットS
（約0.3cmにカット）
・ループは下向き。
・下から上へ1段ずつ刺す。

J5
サテンS

EFL751
ストレートS
（縦→横→縦
各2回刺す　P.42参照）

SSAP83
ストレートS
（横→縦→横
各2回刺す　P.42参照）

SSAP83
ストレートS

〈しっぽ〉

SAW61
サテンS

J5
ターキーノットS
（約0.6cmにカット）
・ループは外側向き。
・輪郭を1周刺してから、
中心に向かって
うず巻き状に刺す。

〈足〉

J5
ターキーノットS
（約0.3cmにカット）
・ループは下向き。
・下から上へ1段ずつ刺す。

SSAP83
ストレートS

J5
サテンS

SAW61
バスケットS

布：国産仕様リネン100％広幅キャンバス_51 レッド（たけみや）

ピンポンマム

▶★の色番号はピンクのトートバッグ、☆の色番号はグリーンのトートバッグ（作り方_P.58）の色指定です。

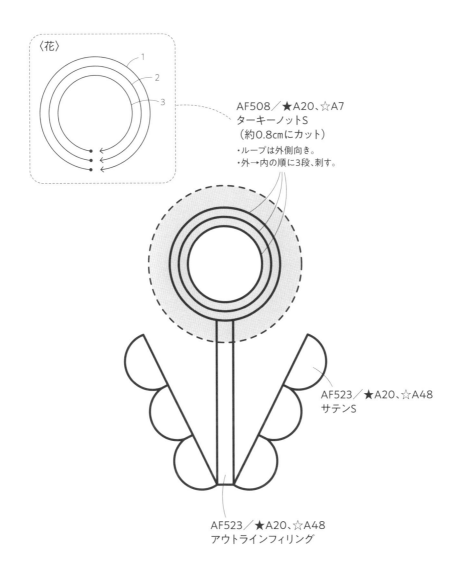

〈花〉

AF508／★A20、☆A7
ターキーノットS
（約0.8cmにカット）
・ループは外側向き。
・外→内の順に3段、刺す。

AF523／★A20、☆A48
サテンS

AF523／★A20、☆A48
アウトラインフィリング

布：国産仕様リネン100％広幅キャンバス_11 グレー（たけみや）

▶ **材料**

ピンクのトートバッグ

糸

ハマナカ アメリー　ナチュラルホワイト（20）

布

表布・持ち手布（リネン地／リラ◇）19×20cm を2枚

裏布（コットン地／生成り）19×20cm を2枚

持ち手布（リネン地／リラ◇）25×8cm を2枚

薄手接着芯　19×20cm、25×8cm を各2枚

できあがりサイズ

横17×縦18cm（持ち手含まず）

グリーンのトートバッグ

糸

ハマナカ アメリー　ピンク（7）、ピスタチオ（48）

布

表布A（リネン地／リーフ・グリーン◇）27.5×8cm、

27.5×13cm、27.5×29cm を各1枚

表布B（リネン地／生成り）27.5×12cm

裏布（コットン地／生成り）27.5×29cm を2枚

持ち手布（リネン地／リーフ・グリーン◇）42×8cm を2枚

薄手接着芯　27.5×8cm、27.5×12cm、27.5×13cm、

27.5×29cm を各1枚、42×8cm を2枚

できあがりサイズ

横25.5×縦27cm（持ち手含まず）

▶ **作り方**

ピンクのトートバッグ

1 表布と持ち手布に薄手接着芯を貼って裁つ。表布（前面）は先に刺繍をしてから指定の寸法に裁つ。

2 裏布を裁つ。

3 表布、裏布をそれぞれ中表に重ね、袋口を残して袋状に縫う（図1）。

4 持ち手布を縫う（図2）。

5 表袋に裏袋を中表に重ね、持ち手をはさんで袋口を縫う（図3）。

6 裏袋の返し口から表に返し、形を整え、返し口をまつる（図4）。

グリーンのトートバッグ

1 表布（前面）のAとB、表布（後ろ面）、持ち手布に薄手接着芯を貼って裁つ。Bは刺繍をしてから指定の寸法に裁つ。

2 表布（前面）のAとBを縫い合わせる（図5）。

3 ピンクのバッグの工程3〜6と同じ要領で仕上げる。

布：◇国産リネンカラー無地_139 リラ、

　　◇オリジナルカラーリネン_114 リーフ・グリーン（ともに fabric bird）

▶ 刺繍の色番号は「ピンポンマム」の図案（P.57）を参照。

ピンクのトートバッグ

表布・裏布・薄手接着芯 各2枚

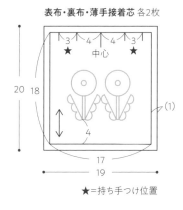

★＝持ち手つけ位置

持ち手布・薄手接着芯 各2枚

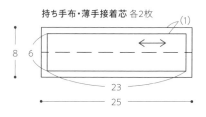

※表布と持ち手の裏面に
薄手接着芯を貼る。

（図1）

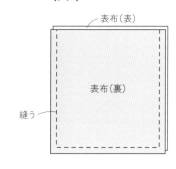

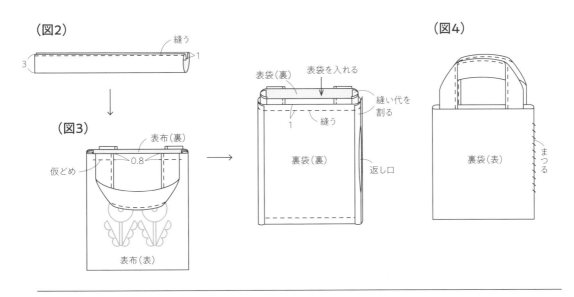

（図2）

縫う

3　　　　　　　　　　　　　1

（図3）

表布（裏）

仮どめ　　0.8

表布（表）

表袋（裏）　表袋を入れる

縫い代を割る

裏袋（裏）

1　縫う

返し口

（図4）

裏袋（表）

まつる

グリーンのトートバッグ

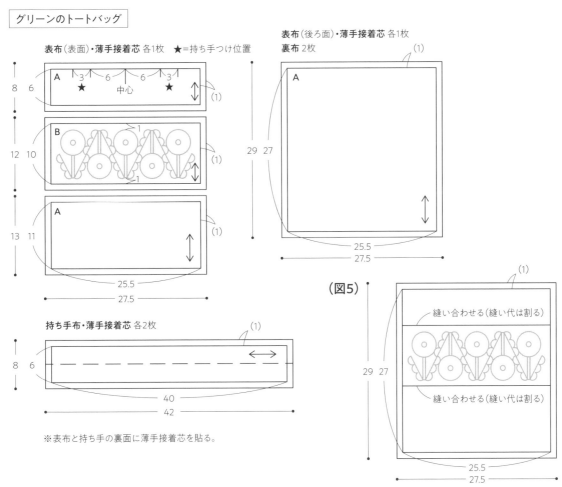

表布（表面）・薄手接着芯 各1枚　★=持ち手つけ位置

A　3　6　6　3　中心　★　★　（1）

8　6

B　1　1　（1）

12　10

A　（1）

13　11

25.5

27.5

表布（後ろ面）・薄手接着芯 各1枚
裏布 2枚

（1）

A

29　27

25.5

27.5

持ち手布・薄手接着芯 各2枚

（1）

8　6

40

42

※表布と持ち手の裏面に薄手接着芯を貼る。

（図5）

（1）

縫い合わせる（縫い代は割る）

29　27

縫い合わせる（縫い代は割る）

25.5

27.5

木々

赤のカバーはA・B・D・EをAF501、ベージュのカバーはCをAF519で刺します。

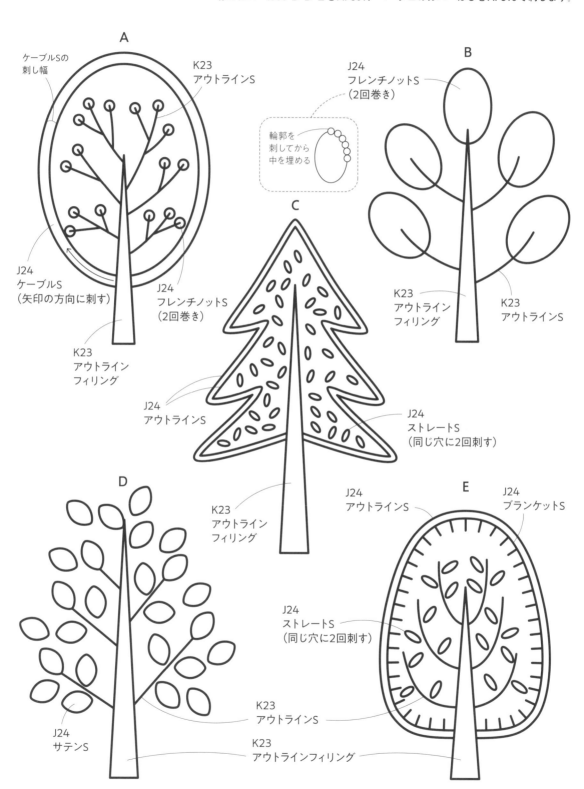

A

ケーブルSの刺し幅

K23
アウトラインS

J24
ケーブルS
(矢印の方向に刺す)

J24
フレンチノットS
(2回巻き)

K23
アウトライン
フィリング

B

J24
フレンチノットS
(2回巻き)

輪郭を刺してから中を埋める

K23
アウトライン
フィリング

K23
アウトラインS

C

J24
アウトラインS

J24
ストレートS
(同じ穴に2回刺す)

K23
アウトライン
フィリング

D

J24
サテンS

J24
アウトラインS

K23
アウトラインS

K23
アウトラインフィリング

J24
ストレートS
(同じ穴に2回刺す)

E

J24
ブランケットS

Pattern 木々	## クッションカバー

▶ **材料**

赤のカバー

糸
ハマナカ アメリーエフ《合太》 ナチュラルホワイト (501)

布
表布 (リネン地／レッド◆) 32×32cm を 1枚、
　　　　　　　　　　　　25.5×32cm を 2枚

その他 薄手接着芯 3×32cm を 2枚

ベージュのカバー

糸
ハマナカ アメリーエフ《合太》 ブラウン (519)

布
表布 (リネン地／生成り◇) 32×32cm を 1枚、
　　　　　　　　　　　　25.5×32cm を 2枚

その他 薄手接着芯 3×32cm を 2枚

できあがりサイズ
2作品共通 横30×縦30cm

▶ **作り方** ＊2作品共通

1 表布 (前面) に刺繍をしてから寸法どおりに裁つ。
2 表布 (後ろ面) 2枚を裁ち、見返しに薄手接着芯を縫い代まで貼る。
3 すべての布端にジグザグミシン (またはロックミシン) をかける。
4 見返しを内側へ3cm折り込み、端から2.5cmの位置を縫う (図1)。
5 前面、後ろ面を図のように中表に重ね、周囲を縫う (図2)。あき口から表に返す。
6 ボンボンを4つ作り (図3)、角に縫いつける。

◆国産仕様リネン100%広幅キャンバス_51 レッド (たけみや)

◇国産リネン無地タンブラー_1 きなり (fabric bird)

▶刺繍の色番号は「木々」の図案 (P.60) を参照。

2作品共通

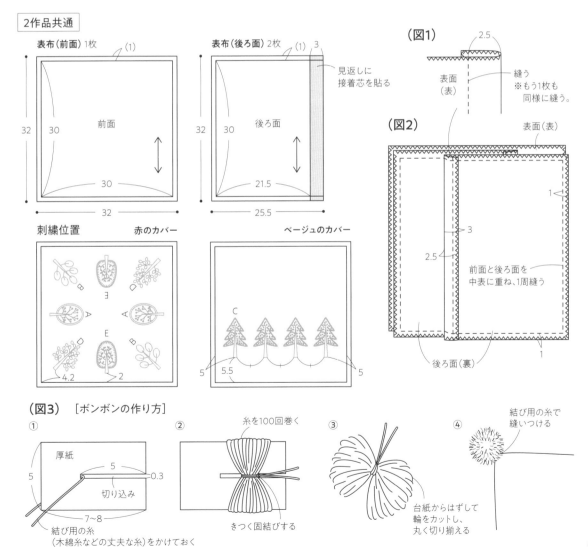

（図3）　[ボンボンの作り方]

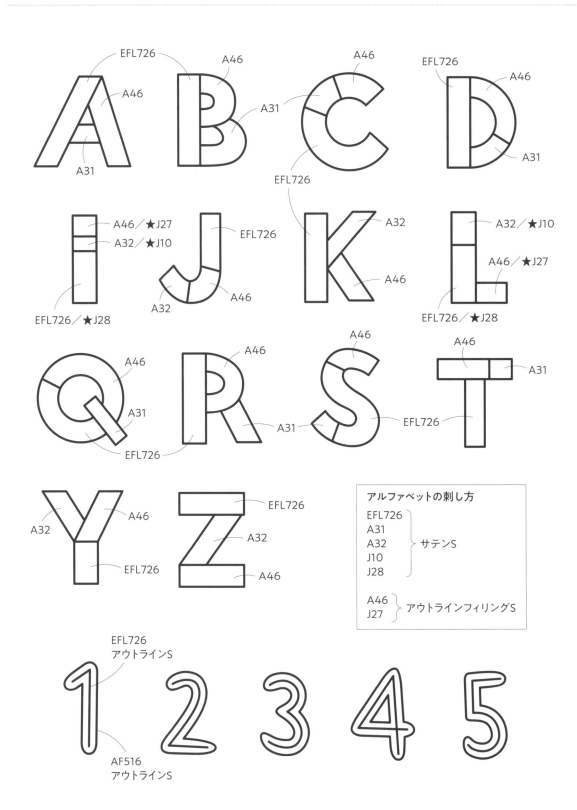

A   EFL726   A46   A31
B   A46   A31
C   A46   EFL726
D   EFL726   A46   A31

I   A46／★J27   A32／★J10   EFL726／★J28
J   EFL726   A32   A46
K   A32   A46
L   A32／★J10   A46／★J27   EFL726／★J28

Q   A46   A31   EFL726
R   A46   A31
S   A46   EFL726
T   A46   A31

Y   A46   A32   EFL726
Z   EFL726   A32   A46

アルファベットの刺し方

EFL726
A31
A32 ⎫
J10   ⎬ サテンS
J28 ⎭

A46 ⎫
J27 ⎬ アウトラインフィリングS

1   EFL726 アウトラインS   AF516 アウトラインS
2 3 4 5

62

▶ ★の色番号は巾着ポーチ（作り方_P.65）の色指定です。

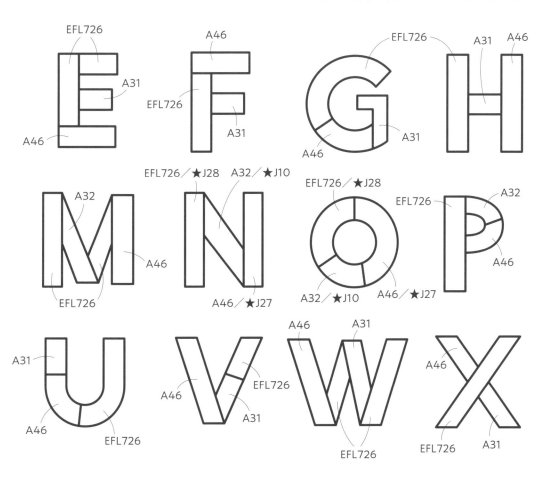

布：◆国産仕様リネン100％広幅キャンバス_OW オフホワイト（たけみや）

ライオン

▶ ★の色番号は巾着ポーチ（作り方_P.65）の色指定です。

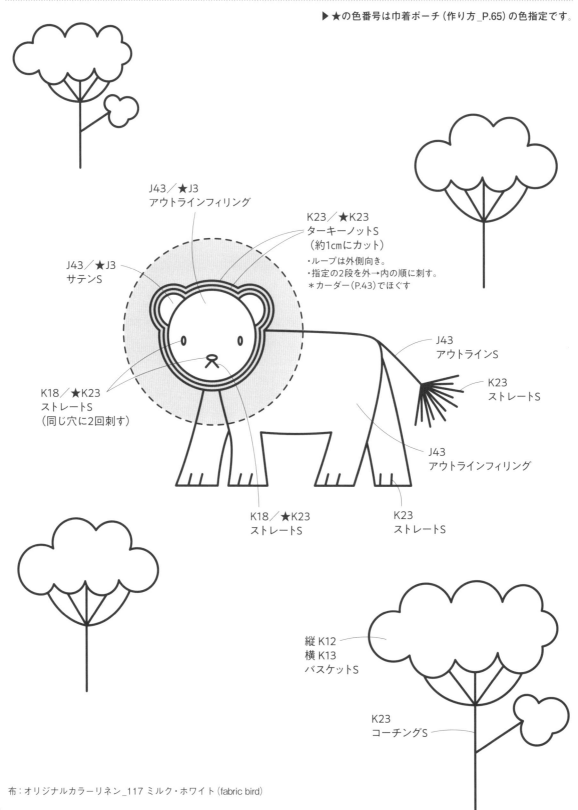

J43／★J3
アウトラインフィリング

K23／★K23
ターキーノットS
（約1cmにカット）
・ループは外側向き。
・指定の2段を外→内の順に刺す。
＊カーダー（P.43）でほぐす

J43／★J3
サテンS

J43
アウトラインS

K23
ストレートS

K18／★K23
ストレートS
（同じ穴に2回刺す）

J43
アウトラインフィリング

K18／★K23
ストレートS

K23
ストレートS

縦 K12
横 K13
バスケットS

K23
コーチングS

布：オリジナルカラーリネン_117 ミルク・ホワイト（fabric bird）

64

巾着ポーチ

▶ 材料

ライオン

糸

ハマナカ純毛中細　ベージュ（3）
ハマナカ コロポックル　茶（23）

布

表布（リネン地／オフホワイト◆）16.5×14.5cm を2枚
裏布（コットン地／生成り）16.5×14.5cm を2枚
ひも通し布（リネン地／レッド◆）17×6cm を2枚

その他

直径0.4cmの丸ひも60cmを2本

アルファベット

糸

ハマナカ純毛中細　ダークレッド（10）、ライトグレー（27）、
　　　　　　　　　濃グレー（28）

布

表布（リネン地／オフホワイト◆）16.5×14.5cm を2枚
裏布（コットン地／生成り）16.5×14.5cm を2枚
ひも通し布（リネン地／グレージュ◆）17×6cm を2枚

その他

直径0.4cmの丸ひも60cmを2本

できあがりサイズ

2作品共通 横14.5×縦14.5cm（ひも含まず）

▶ **作り方　＊2作品共通**

1 表布を裁つ。表布（前面）は先に刺繍をしてから指定の寸法に裁つ。
2 裏布を裁つ。
3 ひも通し布を裁って縫う（図1）。
4 表布と裏布を中表に重ね、ひも通し布を二つ折りして袋口にはさんで縫う（図2）。
5 4を上下に開く。縫い代は下側に倒しておく（図3）。同様にもう1枚作る。
6 5を中表に重ね、裏布の返し口を残してぐるりと縫う（図4）。
7 返し口から表に返し、形を整え、返し口をまつる（図5）。
8 裏袋を表袋の中に入れ、ひもを通す（図6）。

布：◆国産仕様リネン100％広幅キャンバス_OW オフホワイト、51 レッド、
　　8 グレージュ（たけみや）

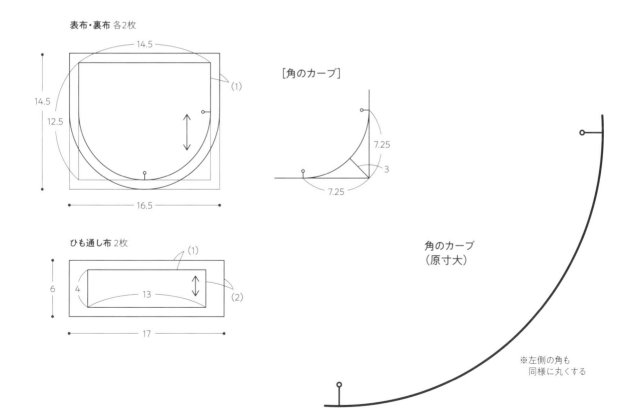

表布・裏布 各2枚

14.5
14.5
12.5
16.5
(1)

［角のカーブ］

7.25
3
7.25

ひも通し布 2枚

6
4
13
17
(1)
(2)

角のカーブ
（原寸大）

※左側の角も
　同様に丸くする

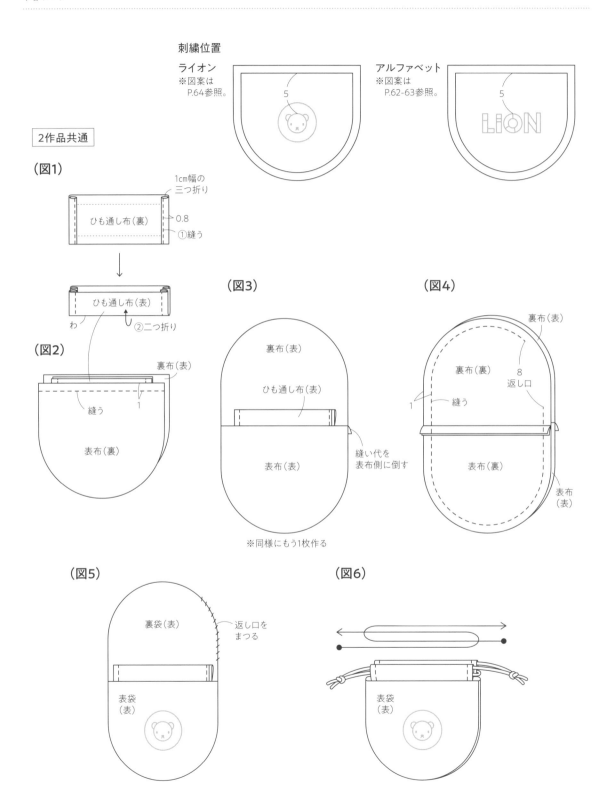

刺繍位置

ライオン
※図案は
　P.64参照。

アルファベット
※図案は
　P.62-63参照。

5

5

2作品共通

（図1）

1cm幅の
三つ折り

ひも通し布（裏）

0.8

①縫う

ひも通し布（表）

わ

②二つ折り

（図2）

裏布（表）

縫う

1

表布（裏）

（図3）

裏布（表）

ひも通し布（表）

表布（表）

縫い代を
表布側に倒す

※同様にもう1枚作る

（図4）

裏布（表）

裏布（裏）

8
返し口

1

縫う

表布（裏）

表布
（表）

（図5）

裏袋（表）

返し口を
まつる

表袋
（表）

（図6）

表袋
（表）

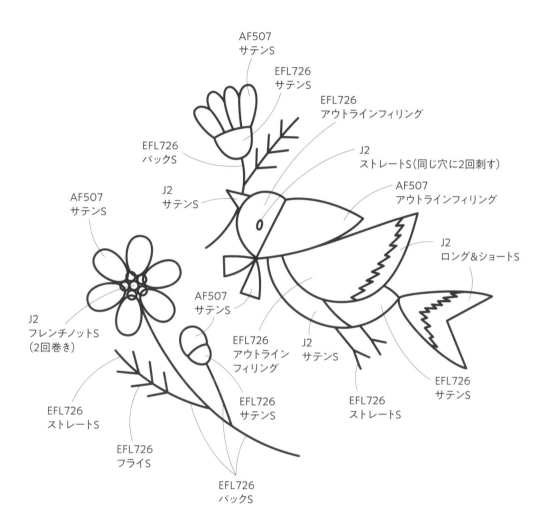

AF507
サテンS

EFL726
サテンS

EFL726
アウトラインフィリング

J2
ストレートS（同じ穴に2回刺す）

AF507
アウトラインフィリング

EFL726
バックS

J2
サテンS

J2
ロング＆ショートS

AF507
サテンS

AF507
サテンS

EFL726
アウトライン
フィリング

J2
サテンS

J2
フレンチノットS
（2回巻き）

EFL726
サテンS

EFL726
ストレートS

EFL726
ストレートS

EFL726
サテンS

EFL726
フライS

EFL726
バックS

タンポポとてんとう虫

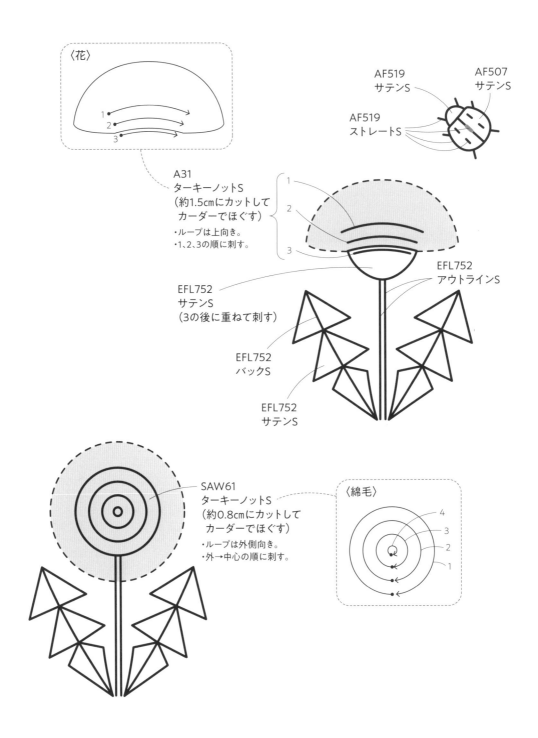

〈花〉

AF519
サテンS

AF507
サテンS

AF519
ストレートS

A31
ターキーノットS
（約1.5cmにカットして
カーダーでほぐす）

・ループは上向き。
・1、2、3の順に刺す。

EFL752
アウトラインS

EFL752
サテンS
（3の後に重ねて刺す）

EFL752
バックS

EFL752
サテンS

SAW61
ターキーノットS
（約0.8cmにカットして
カーダーでほぐす）

・ループは外側向き。
・外→中心の順に刺す。

〈綿毛〉

布：国産リネンカラー無地_M クラウド・ブルー（fabric bird）

小花のライン

▶★の色番号はブックカバー（作り方_P.70）の色指定です。

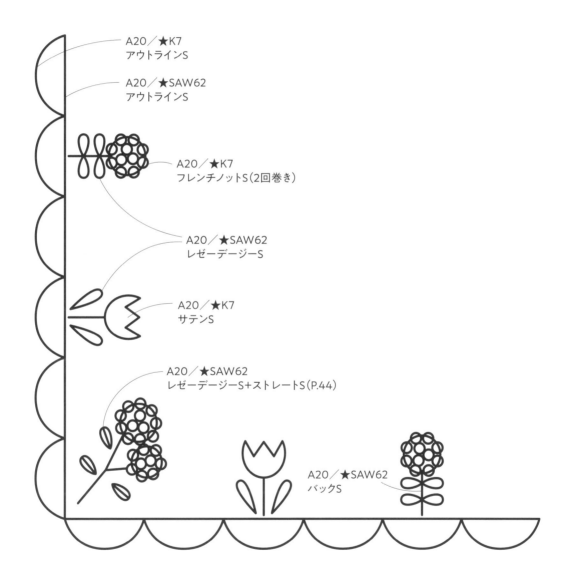

A20／★K7
アウトラインS

A20／★SAW62
アウトラインS

A20／★K7
フレンチノットS（2回巻き）

A20／★SAW62
レゼーデージーS

A20／★K7
サテンS

A20／★SAW62
レゼーデージーS+ストレートS（P.44）

A20／★SAW62
バックS

布：ソフトリネンコットンキャンバス_14 ホリデイ・ピンク（fabric bird）

ブックカバー

▶ **材料**

糸
ハマナカ コロポックル　エンジ (7)
ハマナカ ソノモノアルパカウール《並太》 ベージュ (62)

布
表布 (リネン地／ネイビー) 40×18cm を 1 枚
裏布 (リネン地／アイボリー◆) 40×18cm を 1 枚
ベルト布 (リネン地／アイボリー◆) 6×18cm を 1 枚

できあがりサイズ
横31.5×縦16cm (広げた場合)

▶ **作り方**

1 表布に刺繍をしてから指定の寸法に裁つ。
2 裏布とベルト布を裁つ。
3 ベルト布を中表に二つ折りして端を縫い、表に返す。
4 表布と裏布を中表に重ね、右端 (表紙側) を縫う (図1)。
5 4の縫い合わせ位置を6.5cm内側へ折り込み、指定の位置にベルトはさんだら、返し口を残して上下を縫う (図2)。
6 返し口から表に返し、形を整え、返し口をまつる。

布：◆国産仕様リネン100%広幅キャンバス_113 アイボリー (たけみや)

▶ **刺繍の色番号は「小花のライン」の図案 (P.69) を参照。**

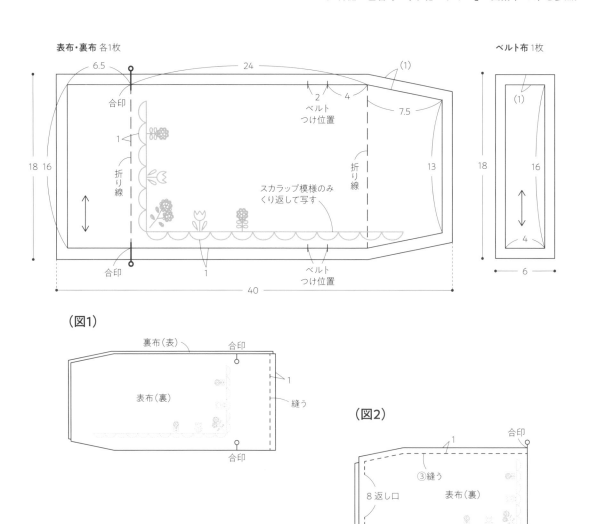

ワッペン風モチーフ

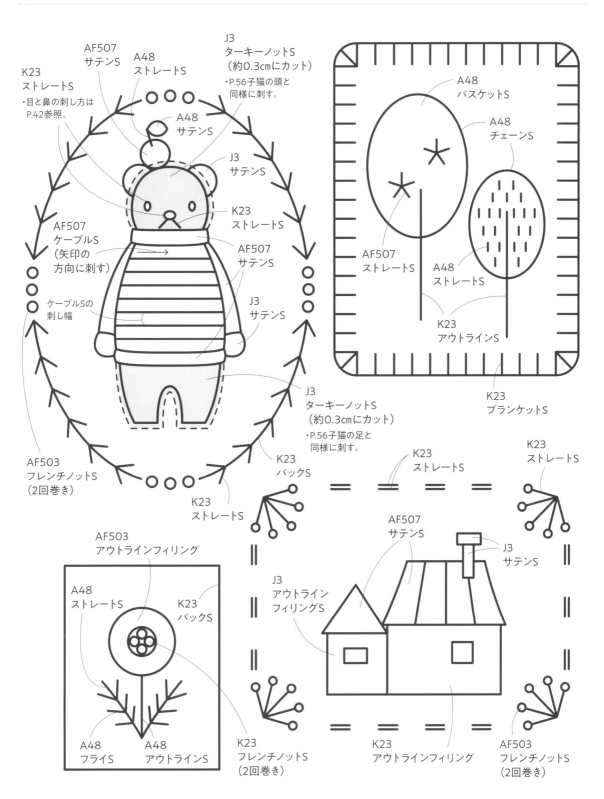

K23
ストレートS
・目と鼻の刺し方は
P.42参照。

AF507
サテンS

A48
ストレートS

J3
ターキーノットS
（約0.3cmにカット）
・P.56子猫の頭と
同様に刺す。

A48
サテンS

J3
サテンS

K23
ストレートS

AF507
ケーブルS
（矢印の
方向に刺す）

ケーブルSの
刺し幅

AF507
サテンS

J3
サテンS

AF503
フレンチノットS
（2回巻き）

J3
ターキーノットS
（約0.3cmにカット）
・P.56子猫の足と
同様に刺す。

K23
バックS

K23
ストレートS

A48
バスケットS

A48
チェーンS

AF507
ストレートS

A48
ストレートS

K23
アウトラインS

K23
ブランケットS

AF503
アウトラインフィリング

A48
ストレートS

K23
バックS

A48
フライS

A48
アウトラインS

K23
フレンチノットS
（2回巻き）

K23
ストレートS

K23
ストレートS

AF507
サテンS

J3
サテンS

J3
アウトライン
フィリングS

K23
アウトラインフィリング

AF503
フレンチノットS
（2回巻き）

布：国産仕様リネン100%広幅キャンバス_OW オフホワイト（たけみや）

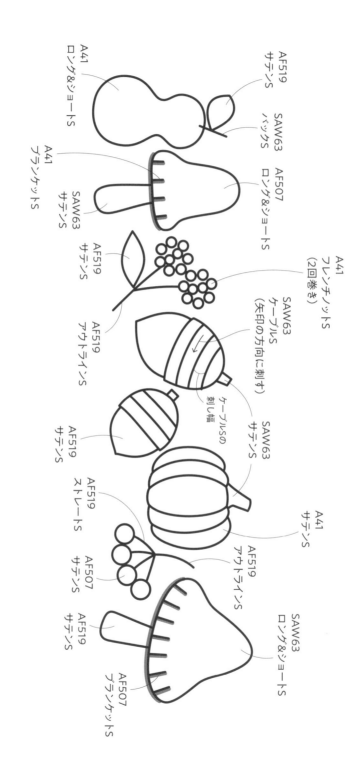

布：オリジナルカラーリネン_S ヨーク・イエロー（fabric bird）

小さなモチーフ

▶★の色番号はフリークロス、☆はプレイスマット、♥はピンクッション(作り方_P.74-75)の色指定です。

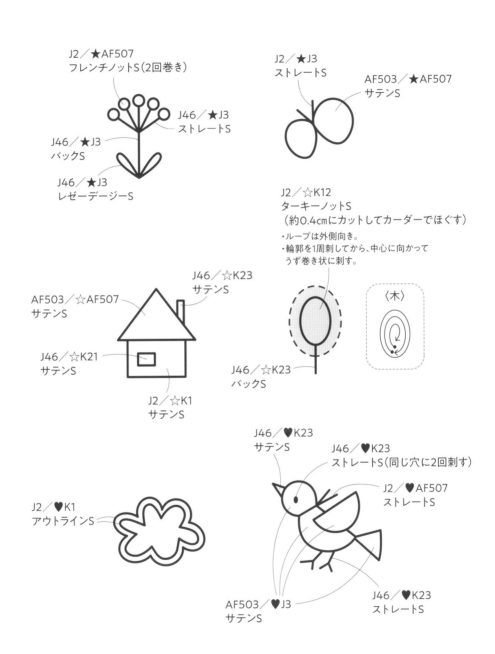

J2／★AF507
フレンチノットS(2回巻き)

J46／★J3
ストレートS

J46／★J3
バックS

J46／★J3
レゼーデージーS

J2／★J3
ストレートS

AF503／★AF507
サテンS

J2／☆K12
ターキーノットS
(約0.4cmにカットしてカーダーでほぐす)

・ループは外側向き。
・輪郭を1周刺してから、中心に向かって
　うず巻き状に刺す。

〈木〉

J46／☆K23
サテンS

AF503／☆AF507
サテンS

J46／☆K21
サテンS

J2／☆K1
サテンS

J46／☆K23
バックS

J46／♥K23
サテンS

J46／♥K23
ストレートS(同じ穴に2回刺す)

J2／♥AF507
ストレートS

J2／♥K1
アウトラインS

AF503／♥J3
サテンS

J46／♥K23
ストレートS

布:国産リネンカラー無地_P フォレスト・グリーン(fabric bird)

▶ **材料**

フリークロス

糸

ハマナカ アメリーエフ《合太》 バーミリオンオレンジ (507)

ハマナカ純毛中細 ベージュ (3)

布

表布・裏布(リネン地／ミルク・ホワイト◇) 29×29cm を各1枚

プレイスマット

糸

ハマナカ コロポックル 生成り (1)、黄緑 (12)、

　　　　　　　　　　 ブルーグレー (21)、ブラウン (23)

ハマナカ アメリーエフ《合太》 バーミリオンオレンジ (507)

布

表布・裏布 (リネン地／グレージュ◆) 23×18cm を各1枚

ピンクッション

糸

ハマナカ コロポックル 生成り (1)、ブラウン (23)

ハマナカ純毛中細 ベージュ (3)

ハマナカ アメリーエフ《合太》 バーミリオンオレンジ (507)

布

表布・裏布 (リネン地／ローモンド・ブルー◇)

　　　　　　 10×10cm を各1枚

その他 わたを適量

できあがりサイズ

フリークロス 横27×縦27cm

プレイスマット 横21×縦16cm

ピンクッション 横8×縦8 cm

▶ **作り方**

フリークロス、プレイスマット

1 表布に刺繍をしてから指定の寸法に裁つ。

2 裏布を裁ち、表布と中表に合わせ、返し口8cmを残して周囲
　を縫う(図1)。

3 返し口から表に返し、形を整え、返し口をまつる。

4 縁周りにブランケットステッチを刺す(図2)。

ピンクッション

1 表布に刺繍をしてから指定の寸法に裁つ。

2 裏布を裁ち、表布と中表に合わせ、返し口5cmを残して周囲
　を縫う(図1)。

3 タッセルを作り(図3)、角につける。

4 返し口から表に返し、形を整え、わたを詰め、返し口をコの
　字まつりでとじる(図2)。

布：

◇オリジナルカラーリネン_117 ミルク・ホワイト、107 ローモンド・ブ
　ルー(fabric bird)

◆国産仕様リネン100%広幅キャンバス _8 グレージュ(たけみや)

▶ **刺繍の色番号は「小さなモチーフ」の図案 (P.73) を参照。**

フリークロス

表布・裏布 各1枚

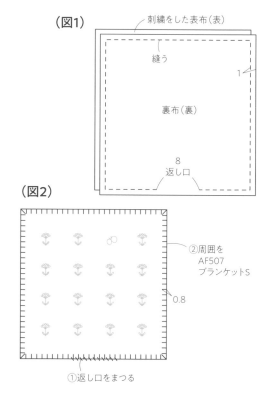

（図1）

刺繍をした表布(表)

縫う

裏布(裏)

1

8
返し口

（図2）

②周囲を
AF507
ブランケットS

0.8

①返し口をまつる

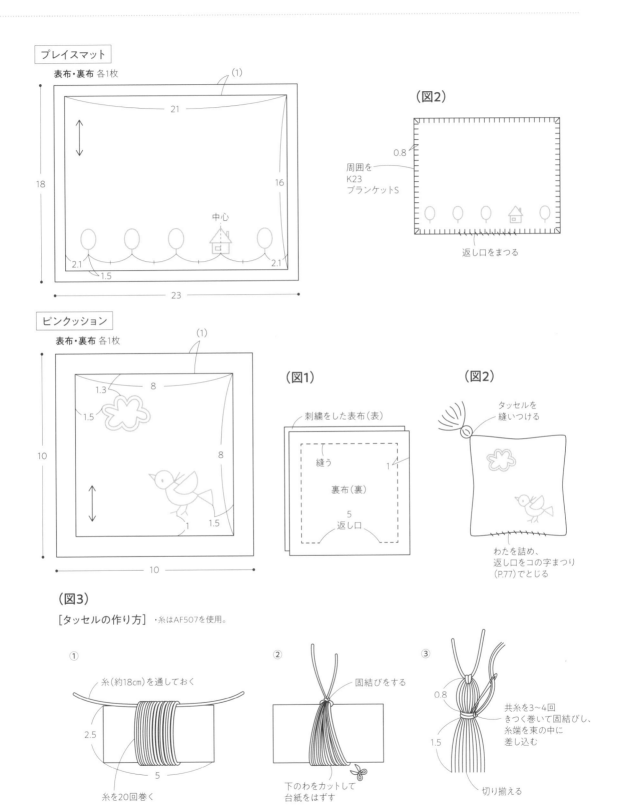

プレイスマット

表布・裏布 各1枚

（1）

21

18

16

中心

2.1

2.1

1.5

23

（図2）

0.8

周囲を
K23
ブランケットS

返し口をまつる

ピンクッション

表布・裏布 各1枚

（1）

1.3

8

1.5

8

10

1

1.5

10

（図1）

刺繍をした表布（表）

縫う

1

裏布（裏）

5
返し口

（図2）

タッセルを
縫いつける

わたを詰め、
返し口をコの字まつり
（P.77）でとじる

（図3）

［タッセルの作り方］ ・糸はAF507を使用。

①

糸（約18cm）を通しておく

2.5

5

糸を20回巻く

②

固結びをする

下のわをカットして
台紙をはずす

③

0.8

共糸を3～4回
きつく巻いて固結びし、
糸端を束の中に
差し込む

1.5

切り揃える

▶★の色番号はアイマスク（作り方_P.77）の色指定です。

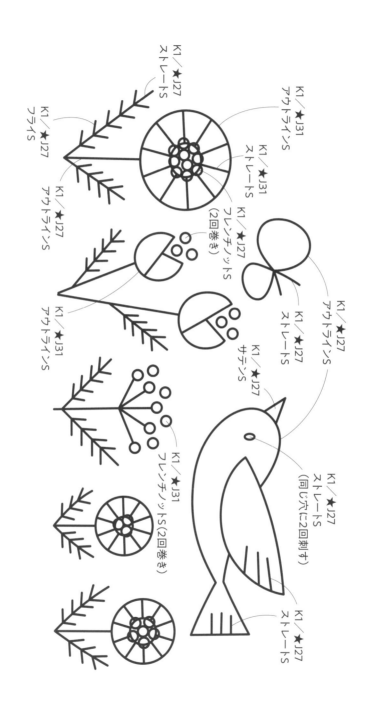

布：オリジナルカラーリネン_107 ローモンド・ブルー（fabric bird）

▶ **材料**

糸

ハマナカ純毛中細

ライトグレー(27)、ピンクベージュ(31)

布

表布・裏布・ベルト布(リネン地／ミスティグレー◆)

22×11cmを各1枚、52×6cmを1枚

薄手接着芯　22×11cmを1枚

薄手ドミット芯　22×11cmを1枚

その他

1cm幅の平ゴム35cmを1本

できあがりサイズ

横20×縦9cm(ゴム通し部分含まず)

▶ **作り方**

1 表布1枚の裏面に接着芯を貼り、刺繍をしてから裁つ。もう1枚の表布は寸法通りに裁つ。

2 薄手ドミット芯を裁つ。

3 ベルト布を裁ち、中表に二つ折りをして長い辺を縫い、表に返す。平ゴムを入れて仮どめする(図1)。

4 図のように重ね、返し口を残して周囲を縫う(図2)。

5 返し口から表に返し、形を整え、返し口をコの字まつりでとじる。

布：◆国産仕様リネン100%広幅キャンバス_120 ミスティグレー(たけみや)

▶ **刺繍の色番号は「フラワーガーデン」の図案(P.76)を参照。**

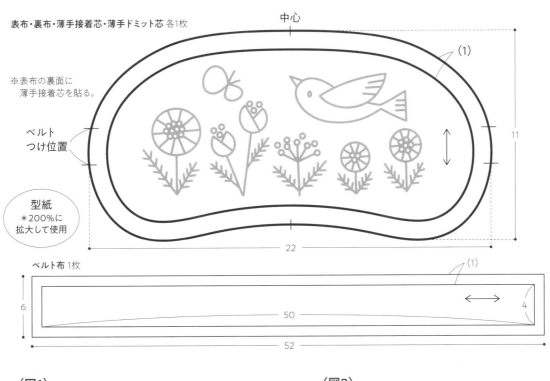

表布・裏布・薄手接着芯・薄手ドミット芯 各1枚

中心

(1)

※表布の裏面に
　薄手接着芯を貼る。

ベルト
つけ位置

型紙
＊200%に
拡大して使用

11

22

ベルト布 1枚

(1)

6

50

4

52

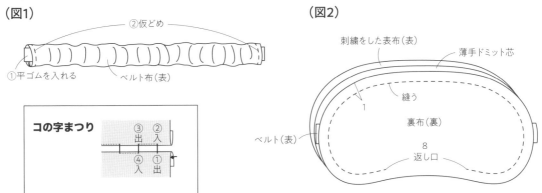

(図1)

②仮どめ

①平ゴムを入れる

ベルト布(表)

コの字まつり

③出　②入

④入　①出

(図2)

刺繍をした表布(表)

薄手ドミット芯

縫う

裏布(裏)

ベルト(表)

返し口

▶ リングバッグ（作り方 _P.79）の図案はすべて SAW61 で刺します。

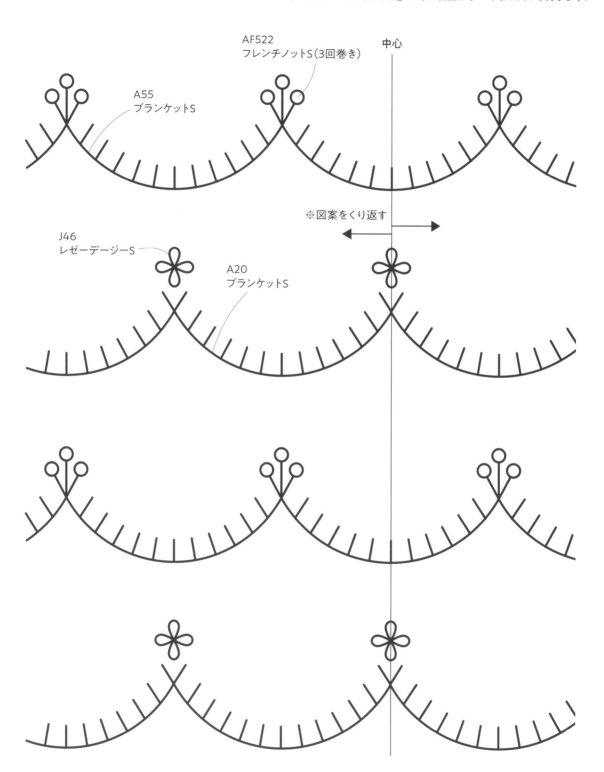

中心

AF522
フレンチノットS（3回巻き）

A55
ブランケットS

※図案をくり返す

J46
レゼーデージーS

A20
ブランケットS

リングバッグ

▶ **材料**

糸

ハマナカ ソノモノアルパカウール《並太》　生成り (61)

布

表布 (リネン地／こげ茶) 38.5×36cm を2枚

裏布 (コットン地／スカイブルー◆) 38.5×36cm を2枚

薄手接着芯　38.5×36cm を2枚

その他

直径約14cmのバンブーハンドル 1組

できあがりサイズ

横36.5×縦25×まち10cm (袋部分)

▶ **作り方**

1 表布 (前面) に薄手接着芯を貼り、刺繍をしてから裁つ。もう1枚の表布 (後ろ面) は指定の寸法に裁つ。

2 裏布を裁つ。

3 表布、裏布をそれぞれ中表に重ね、あきどまりまで袋状に縫う (図1)。

4 表袋、裏袋のまちをそれぞれ縫う (図2)。

5 表袋と裏袋を外表にして重ね、脇のあき口を縫う (図3)。

6 袋口の縫い代を1cm折り、さらに4cm内側に折り込み、バンブーハンドルをくるんでまつる (図4)。

7 タッセルを作ってつける (図5)。

布：◆コットンシーチングハンドワッシャー_67 スカイブルー (たけみや)

▶ 刺繍の色番号は「スカラップ」の図案 (P.78) を参照。

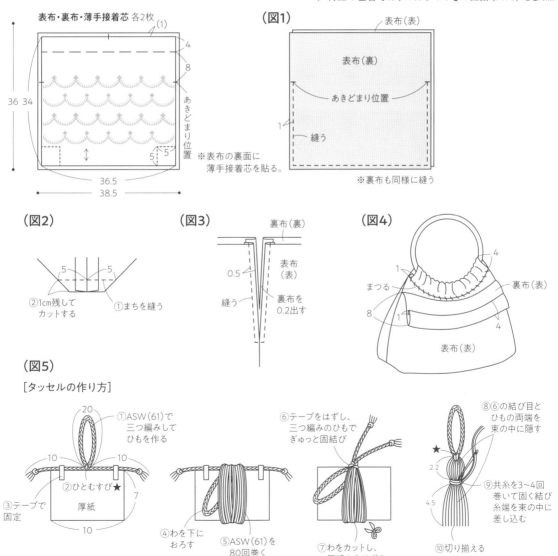

著者

FABBRICA
Mayumi Oshida

刺繍作家。 母の影響を受け幼少期から手芸、洋裁に親しむ。 文化服装学院卒業後、アパレル企画デザイナーなどを経て、現在は刺繍作家として書籍への作品提供、オンライン講座、刺繍作品の販売などを行なっている。 minne ハンドメイドアワード篠原ともえ賞受賞。 NHK すてきにハンドメイド出演。共著「子供服のワンポイント刺繍」（エクスナレッジ）、その他参加書籍多数。 2021 年より YouTube「FABBRICA・刺繍とソーイング」開設。

Instagram：@fabbrica_yaji47
HP：fabbrica-embroidery.com
YouTube：youtube.com/@fabbrica-embroidery

素材提供

ハマナカ株式会社
京都府京都市右京区花園薮ノ下町2番地の3
TEL 075-463-5151
E-mail info@hamanaka.co.jp
http://www.hamanaka.co.jp

クロバー株式会社
大阪府大阪市東成区中道 3-15-5
TEL 06-6978-2277（お客様係）
https://clover.co.jp

株式会社たけみや
福岡県北九州市八幡西区黒崎2丁目 6-8
TEL 093-621-5858
https://www.takemiya-online.com

fabric bird（中商事株式会社）
香川県高松市庵治町丸山 6391-19
TEL 087-870-3068
https://www.rakuten.ne.jp/gold/fabricbird/

本書に掲載した糸、布、用具、材料の情報は
2023 年 11 月現在のものです。
印刷物のため、作品の色は実際とは多少異なる場合があります。

STAFF

ブックデザイン　橘川幹子
撮影・スタイリング　福井裕子
トレース　松尾容巳子
基礎イラスト　小池百合穂
編集　中田早苗

撮影協力

UTUWA
東京都渋谷区千駄ヶ谷 3-50-11
明星ビルディング 1F
TEL 03-6447-0070

AWABEES
東京都渋谷区千駄ヶ谷 3-51-10
PORTAL POINT HARAJUKU 5F
TEL 03-6434-5635

手編み糸で愉しむ　動物と植物の図案と布小物

毛糸の刺繍

2023 年 11 月 15 日　発 行　　　　　NDC594

著　　者　FABBRICA（ファブリカ）
発 行 者　小川雄一
発 行 所　株式会社 誠文堂新光社
　　　　　〒113-0033 東京都文京区本郷 3-3-11
　　　　　電話 03-5800-5780
　　　　　https://www.seibundo-shinkosha.net/
印刷・製本　株式会社 大熊整美堂